Käte Walter

In dir ist die Fülle des Lebens

Erzählungen –
Betrachtungen – Gedichte

ausgewählt von Jasna Rößler

JOHANNIS
LAHR

Die Deutsche Bibliothek – CIP-Einheitsaufnahme:

Walter, Käte:
In dir ist die Fülle des Lebens : Erzählungen – Betrachtungen – Gedichte / Käte Walter. – 2. Aufl. – Lahr : Johannis, 1995
(TELOS-Bücher ; 70648 : TELOS-Großdruck-Taschenbuch)
ISBN 3-501-00997-6
NE: GT

ISBN 3 501 00997 6

TELOS-Bücher
TELOS-Großdruck-Taschenbuch 70648
2. Auflage 1995

Umschlagfoto: M. Mehlig
Innenbilder: Archiv
Gesamtherstellung:
St.-Johannis-Druckerei, 77922 Lahr/Schwarzwald
Printed in Germany 12277/1995

Inhalt

Vorwort

Jesus Christus will Mittelpunkt und Ziel unseres Lebens sein! So hat Käte Walter zu Lebzeiten ihren Herrn erfahren dürfen. Ihre Erfahrungen hat sie in ihren Betrachtungen, Erzählungen und Gedichten zum Ausdruck gebracht. Die Gestalten in ihren Erzählungen erkennen die heilsame Gegenwart Gottes im alltäglichen Leben: »Du Gott, siehest mich.« Sie lernen es auch aus den Schwierigkeiten des Alltags zu Gott zu flüchten und lassen sich von ihm Kraft und Weisheit schenken.

Die für dieses Büchlein ausgewählten Texte von Käte Walter wollen uns, die wir noch auf dem Wege sind, zur Nachfolge und zum Fruchtbringen bewegen.

Jasna Rößler

Wie antworten wir Gott?

»Gott ist Liebe. Und wer in der Liebe bleibt, der bleibt in Gott und Gott in ihm.«

1. Johannes 4, 16

Er war ein wilder Junge. Seine Kameraden fürchteten ihn wegen seiner Kräfte. Auch den Eltern bereitete er oft Kummer wegen seines Ungehorsams. Aber alle Ermahnungen fruchteten nichts. Eines Tages badete er mit seinen Freunden im nahen Fluß. Um sich vor ihnen hervorzutun, schwamm er allen voran weit hinaus, trotz strengen Verbots. Als er an die Stelle kam, wo das Flußbett durch den Zustrom eines Nebenflusses sich verbreiterte, geriet er in die starke Strömung. Seine Kräfte ließen bereits nach. Verzweifelt kämpfte er gegen den Sog an und schrie laut um Hilfe. Aber die Ufer waren weitum menschenleer. Nur ein einsamer Wanderer hatte die Hilferufe gehört. Er eilte herbei und sprang ohne Besinnen in die kalte Flut. Mit großer Mühe zog er den ermatteten Knaben ans Land. Der Junge war gerettet. Aber der Retter selbst mußte seine Liebestat mit dem Leben bezahlen.

Nach wenigen Tagen raffte ihn eine Lungenentzündung dahin. Doch sein Tod war nicht umsonst. Was keine Ermahnung, weder Strenge noch Güte zuwege gebracht hatten, das bewirkte dieses Erlebnis. Es wandelte den Knaben völlig um. Wollten die Kameraden ihn zu einem Streich abholen, bei dem er sonst der erste war, so schüttelte er nur ernst den Kopf. Aber seine Hilfsbereitschaft kannte keine Grenzen. Alle, die ihn früher gekannt hatten, konnten sich nicht genug über ihn wundern. Auf ihre erstaunten Fragen antwortete er nur: »Es ist einer für mich gestorben, ich kann nicht anders.«

Wenn wir das Wort des Apostels lesen: »Gott ist Liebe«, dann werden auch wir daran erinnert, daß einer für uns gestorben ist. Wie oft auch diese Liebe Gottes – angesichts seiner furchtbaren Gerichte – in Zweifel gezogen wird, an dem Kreuze unseres Heilandes können wir sie immer wieder ablesen. Aber hat diese Liebe in unserm Leben auch schon etwas bewirkt? Müßte man es nicht auch uns abspüren, daß einer für uns gestorben ist? Der Apostel sagt uns, wie wir auf diese Liebe antworten sollen. »Wer in der Liebe *bleibt,* der bleibt in Gott.« An diesen Worten können wir uns prüfen. Also kein einmaliges Aufflammen des Gefühls! Wir sollen vielmehr ständig leben wie einer, der sich von dieser unendlichen Gottesliebe geliebt weiß. Ein solcher Mensch kann nicht anders, als wiederzulieben. Er kann auch nicht anders, als von dieser Liebe, mit der er geliebt ward, weiterzugeben. Er kann dem, der ihm in den Weg gestellt wird, nur liebevoll begegnen. Er kann auch nicht mehr zürnen und nachtragen, nicht mehr richten und verurteilen. Wer selbst so viel vergebende Liebe empfing, dessen Herz wird weit für den, den der Herr selbst seinen Bruder nennt.

Nur »wer in der Liebe bleibt, bleibt in Gott«, sagt der Apostel. Folglich kommt es auf die Beständigkeit an. Mit einer einmaligen guten Tat ist es nicht getan. Wenn es nur auf uns ankäme, würde unser armseliges Flämmchen der Liebe bald erlöschen. Aber nun dürfen wir es ja immer wieder neu an der großen Flamme der göttlichen Liebe entzünden. Wir dürfen uns im Gebet danach ausstrecken und täglich aus dem Wort neue Kraft schöpfen. Auch durch das heilige Abendmahl, dem Mahl der Liebe, dürfen wir uns stärken lassen.

Aber wir müssen auch achthaben, daß kein Wind des Zweifels oder Kleinglaubens, kein Sturm der Anfechtung und Trübsal ihre Flamme zum Erlöschen bringt. Der Apostel sagt nicht umsonst: »Wer in der Liebe *bleibt!*« Es wird unserer alten Natur nicht leicht, Kränkungen zu überwinden und nachzugeben, auch wenn wir im Recht sind. Fällt es uns nicht auch manchmal schwer, denen liebevoll zu begegnen, die so ganz anders sind als wir? Darum wollen wir uns doch immer wieder aufs neue jener großen Liebe erinnern, die für dich und mich in den Tod gegangen ist, und nicht nur für uns, sondern auch für den, der uns zu tragen gibt.

Wir werden einmal nicht danach gefragt, wie man uns begegnet ist. Aber was wir dem andern nicht getan haben, das richtet uns. Einer ist immer da, der auf ein Zeichen unserer Liebe wartet.

Daß es uns Tag für Tag, wie bei jenem Jungen, vor Augen stände: »Auch für mich ist einer gestorben!« Und daß wir dann hingingen, und sie alle, die mit uns auf dem Wege sind, etwas von dieser Liebe spüren ließen!

Folge mir nach

Wer trägt dir das Kreuz? Wer folgt dir denn nach
auf deinem Wege der tiefsten Schmach?
Du König der Ehren, du Herr aller Welt,
bist einsam, verlassen, den Sündern gesellt!
In sündloser Reine trugst du unsre Schuld.
Du trägst uns noch heute mit großer Geduld.
Noch heute sehn wir so traurig dich gehn,
weil viele draußen noch abseits stehn
in gierender Lust, in verblendetem Wahn,
als ginge sie dieses alles nichts an. –

Da trifft uns dein Blick: Seid ihr denn bereit,
täglich zu wandern in meinem Geleit?
Wo ist die Liebe, die ihr geübt,
die auch dem Fehlenden gerne vergibt?
Trugt in Geduld ihr das Ungemach
und folgtet ihr mir als Jünger nach? –

Wir beugen uns tief. Geh nicht ins Gericht
und wende nicht von uns dein Angesicht!
Laß uns erkennen die Tiefe der Schuld
und das Erbarmen der göttlichen Huld.

Zieh uns hinweg von dem gleißenden
Schein,
tauch uns in deine Stille hinein,
daß unser Herz nur auf dich ist gericht;
auf dein Versöhnen, das Gnadenlicht,
daß nicht vergeblich die heilige Zeit,
in der du für uns dich dem Tode geweiht,
daß unser Herz nur ein Echo dir gibt:
Liebe zu üben, wie du uns geliebt!

Wo stehst du denn eigentlich?

Es war am Sonnabend vor Ostern 1949. In leuchtendem Blau wölbte sich der Himmel über der neu erwachten Erde. Die Frühlingssonne hatte schon fast sommerliche Wärme. Das spürten vor allem die, die noch schnell in Hast und Eile für die Festtage einkaufen wollten. Jeder wollte sich noch rechtzeitig seinen Anteil an den noch rationierten Waren sichern.

So fand ich einen Schlachterladen noch voll von Menschen, obgleich es kurz vor Ladenschluß war. Die Luft in dem Raum war schwül und zum Ersticken. Aber noch viel bedrückender war die Spannung, die über allen lag. Komme ich noch rechtzeitig dran? Und wenn, wird dann noch etwas übrig sein? Manche wurden nervös, trippelten hin und her und brachten Unordnung in die sich nur langsam vorwärtsschiebende Schlange. Schließlich bildeten sich hier und da kleine Gruppen. Jeder wußte ja doch genau, wann er dran kam und würde wohl mit dem Einsatz seines Lebens darum gekämpft haben, wenn ihm jemand hätte zuvorkommen wollen.

Nur ein kleines Mädchen wußte nicht, wohin es gehörte und wann es an der Reihe war. Es blieb einfach an der Tür stehen und wartete. Dort stand es so ruhig und unbekümmert, während der große Zeiger an der Uhr unerbittlich weiterrückte.

Das Flüstern in den einzelnen Gruppen hatte längst aufgehört. Die Blicke der sorgenden Frauen waren nur noch auf den Zeiger der runden weißen Uhr gerichtet.

Plötzlich wurde die Tür aufgerissen, und ein halbwüchsiger Junge stürmte herein auf das kleine Mädchen zu und fragte ungeduldig: »Inge-Maria, wo stehst du denn eigentlich?« Dabei machte er nicht mißzuverstehende Zeichen, daß sie sich heranhalten und ein bißchen vordrängen sollte.

Tiefes Schweigen ringsum. Da tönte plötzlich ein liebliches Kinderstimmchen hell und fröhlich durch den Raum: »Ich stehe hier.« Ja, da stand es, fest und zuversichtlich, und ließ sich durch nichts beirren, seinen Platz zu verlassen.

Unmutig zog der Bruder ab. Aber in dem Raum war alles wie verwandelt, und es war, als ob der Ton der fröhlichen Kinderstimme noch immer wie ein silbernes Glöcklein durch die mit Spannung geladene Luft schwebte.

Die Gesichter waren plötzlich so aufgeschlossen und trugen alle einen Schimmer von Heiterkeit.

»Daß es so etwas noch gibt! Solche Unschuld und ohne alle Berechnung!« sagte die vor mir stehende Dame und wandte sich strahlend zu mir um.

Die Zeit war nicht stehengeblieben, und doch sahen plötzlich alle wie befreit aus. Sollten die drei fröhlichen Worte aus Kindermund sie in ihren sorgenvollen, ungeduldigen Gedankengängen beschämt haben?

Um auch seinerseits etwas zur Freude seiner Kunden beizutragen, sagte der Schlachtermeister: »Sie kommen alle dran, und wenn wir noch zwei Stunden hier stehen müssen.« Eine Versicherung, die dankbar aufgenommen wurde.

Aber die Menschen waren ja nicht mehr die gleichen. Das kleine silberne Stimmchen hatte sie verwandelt. Wieviel heller war es in dem Raum geworden, seit der frohe Glockenton der Kinderstimme in die lastende Stille fiel!

Immer noch klingt dieses kleine Erlebnis in mir nach. Deine Worte haben ja noch eine viel tiefere Bedeutung, als du es ahntest, Inge-Maria.

Wenn der, der die Herzen erforscht, heute

vor einen jeden von uns hinträte und uns fragte: »Wo stehst du eigentlich?«, ob wir dann auch wohl so zufrieden und fröhlich antworten könnten: »Ich stehe hier!«? Hier, wo du mich hingestellt hast, bereit, den Auftrag auszuführen, den du mir gegeben hast, bereit auch zu warten, wie jenes kleine Mädchen an der Tür, bis die Reihe an mich kommt, mir die Hände von dir füllen zu lassen, deine Gaben in Empfang zu nehmen.

»Wo stehst du denn eigentlich?« Dort, wo die lauten Vergnügungen die ernste Frage deines Heilandes übertönen? Dort, wo man aus Eigennutz und um eigener Vorteile willen sich vordrängt und andere beiseite schiebt: was gehen mich die andern an!

Oder können wir dem Herrn froh antworten: »Ich stehe hier«, an deiner Seite, wenn du hinausziehst nach Jerusalem, unter dem Kreuz, an das dich meine Sünde gebracht hat, an dem geöffneten Grabe, das auch meine Bande gesprengt hat.

Wenn wir das doch allezeit mit fröhlicher Gewißheit sagen könnten: »Ich stehe hier bei meinem Herrn und Heiland!« Wo du mich hingestellt hast, da laß mich feststehen, freudig und getrost, ob wartend an der Tür, ob in reicher Arbeit, auf dem Krankenbett oder in zermürbender Enge mit schwer zu ertragenden Nachbarn und schwierigen Verhältnissen. Ich stehe ja nicht für mich da, sondern für den, der mich an diesen Platz gestellt hat und der mir die nötige Kraft dazu darreicht.

Mit wie ganz anderen Augen würden wir unser Tagewerk und unsern oft so unscheinbaren Platz in dem Räderwerk des Alltags ansehen, wenn wir uns an jedem neuen Morgen unter Gottes Augen prüften, wo wir denn nun eigentlich stehen mit unseren Gedanken, unserm Sinnen und Trachten, ob wir dort stehen, wo er uns haben will, in seiner Nachfolge. Möchte doch die Antwort allezeit fröhlich und dankbar lauten:

Ich stehe hier zu deines Namens Ruhm,
Herr Jesus, als dein Eigentum!

Deine Stimme

Herr Jesus Christ, du uns're Lebens Herr,
du hast uns dir zum Eigentum erworben,
so liebt in Ewigkeiten keiner mehr,
als du, der du am Kreuz für uns gestorben.

Dein Wille nur, Herr, laß uns Richtschnur
sein!
Es wollen tausend Stimmen uns betören.
Laß uns auf deine Stimme nur allein
in all den Wirren uns're Zeiten hören!

Und nur dir folgen, dir, dem einen Herrn,
der sich für uns hat ganz dahingegeben,
die wir voll Sünd' und Schuld – so gottes-
fern.
Uns Todgeweihten schenktest du das
Leben!

So sind wir nur durch dich, was wir nun
sind,
seit du als Bürge für uns eingetreten:
erlöst, begnadigt, ewig Gottes Kind.
Wir können nichts, als dankend dich an-
beten.

»Ich habe dein Gebet erhört.«

2. Chronik 7, 12

Durch die abendlichen Straßen einer Universitätsstadt irrt ein junger Student. Er wandert planlos dahin. Das Getriebe der Menschen ist ihm zuwider. Er sehnt sich nach Stille. Endlich findet er in dem nahen Wäldchen eine einsame Bank. Nur einmal allein sein und wieder zu sich selber kommen, denkt er und stützt den wirren Kopf in beide Hände.

Mit wie vielen guten Vorsätzen war er von zu Hause fortgegangen! So sicher hatte er sich gefühlt. Er wollte arbeiten und fleißig sein und es zu etwas bringen. Gestern abend hatte er sich nun doch einmal von den Kameraden überreden lassen und war mit ihnen gegangen. Zuerst war es nur eine fröhliche Kneiperei gewesen. Dann aber hatte es eine wüste Streiterei gegeben. Häßliche Worte waren gefallen, und er hatte sich auch hinreißen lassen. Ganz elend und jämmerlich fühlte er sich schon den ganzen Tag. Das war nicht der ungewohnte Alkoholgenuß und die durchfeierte Nacht. Nein, er schämte sich vor sich selbst. Damit seine Kumpane ihn nicht fänden, hatte er sich schon am Spätnachmittag aus der Wohnung fortgeschlichen. Er mußte mit sich und seinen Gedanken allein sein.

Wie überflüssig waren ihm bei der Abreise die Ermahnungen seines Vaters erschienen! Ach ja, der Vater! Der las nun wohl gerade vor, wie er es allabendlich tat, während die Mutter die Sachen der Kinder in Ordnung brachte. Er sah sie beide vor sich bei dem traulichen Lampenschein. Es würgte ihn etwas im Halse. Solche guten Eltern hatte er. Und wieviel Hoffnungen setzten sie auf ihn, ihren Ältesten! Am Schluß des Abends las der Vater dann noch den Abendsegen, und Vater und Mutter beteten gemeinsam für ihre Kinder. Wenn er dachte, daß das am gestrigen Abend auch so war!

Und er? Niemals wieder sollten sich die Eltern seiner schämen müssen. Das gelobte er sich. Er wollte ihrer wert werden. Ganz froh und warm wurde ihm ums Herz. Wie geborgen fühlte er sich bei dem Gedanken: Meine Eltern beten für mich! Gestern abend, als ich in solcher Gefahr war, heute, wo ich mich so elend und verlassen fühle, und morgen abend werden sie es auch wieder tun. Ja, diese Gebete würden in der Fremde wie ein Schutzwall um ihn stehen.

Mit tiefer Dankbarkeit im Herzen ging er heim. Lange brannte noch das Licht in seinem Stübchen. Zwei Tage danach hielten die Eltern einen langen Brief ihres Sohnes in den Händen, den sie wieder und wieder lasen. Sie wußten, Gott hat ihr Gebet erhört. Er würde auch weiterhin seine Hände über ihn halten.

Können auch unsere Kinder, wenn sie ins Leben hinausgehen, die Gewißheit mitnehmen: Mein Vater und meine Mutter beten für mich?

Name über alle Namen

Name über alle Namen,
Licht im dunklen Erdenlauf,
geh' uns wie die Morgensonne
alle Tage schöner auf.

Name über alle Namen,
du hast ewiglich gesiegt,
alles Heil und aller Friede
nur in dir beschlossen liegt.

Name über alle Namen,
Born, der alles Dürsten stillt,
draus uns Müden alle Tage
Stärke und Erquickung quillt.

Name über alle Namen,
heiß der Kampf um dich entbrennt.
Gib, daß unser kleines Leben
täglich sieghaft dich bekennt!

E. Gross

Wer Dank opfert, der preiset mich

Die Gemeindeschwester eines kleinen Städtchens war auf dem Heimwege. Sie hatte gerade einige Schwerkranke besucht und war müde von der anstrengenden Pflege. Die frische Abendluft tat ihr gut. Sie bog in einen Heckenweg ein und wollte sich noch etwas an der Natur freuen, bevor sie nach Hause ging. Was war das für ein Blühen und Duften in den Gärten! Sie kannte sie alle, die hier draußen sich durch Fleiß und Mühe ein eigenes kleines Reich geschaffen hatten, in dem sie säten und ernteten und sich ihres Daseins freuten.

Da waren einige, die waren zufrieden, wenn die Erträge ihres Gartens für die eigenen Bedürfnisse reichten. Was jenseits ihres Gartenzaunes war, kümmerte sie nicht.

Andere hatten ihren kaufmännischen Sinn entdeckt und versuchten möglichst viel Geld aus den Früchten ihres Fleißes herauszuschlagen. Aber auch sie dachten dabei nur an sich.

Doch, es gab auch noch andere. Sie waren allerdings in der Minderzahl. Diese wetteiferten darum, am Erntedankfest den Altar mit den Früchten aus Feld und Garten zu schmükken. Es waren die Menschen, die um das Beste wußten, um den Segen Gottes. Sie sahen seine segnenden Hände in Wolken und Winden, in Regen und Sonnenschein. Sie wußten, daß alles in seiner Hand beschlossen liegt: Gelingen und Mißlingen. Ihr Gärtchen sah darum nicht anders aus. Aber die Menschen, die darin schafften, waren anders. Ihre eigenen Bedürfnisse waren ihnen nicht wichtig. Auch der Geldbeutel nahm sie nicht gefangen. Ihr Blick ging über den kleinen Kreis weit hinaus. Er ging direkt zum Herzen Gottes, zu dem, der ihnen alles gegeben hatte, was sie besaßen an Gesundheit und Hab' und Gut. Und wenn dann ihr Blick von Gottes liebendem Herzen zurückkam, blieb er draußen hängen an all denen, die jenseits ihres Gartenzaunes waren. Selbstverständlichkeiten schaffen keine Wärme. Aber diese Menschen nahmen jeden Tag und das, was er ihnen brachte, als Geschenk aus Gottes Hand. Und Geschenke machen dankbar. Der Dank gegen Gott war es denn auch, der das Handeln und Tun dieser Menschen bestimmte.

Zu diesen, die Gott den ersten Platz in ihrem Leben einräumten, gehörte auch ein einsamer, alter Mann. Schwester Martha sah schon von weitem seine ehrwürdige Gestalt mit dem weißen Haar. Sie trat an den Zaun und grüßte ihn freundlich.

»Kommen Sie doch herein und sehen Sie sich meinen Garten einmal an, Schwester!« ermunterte sie der Alte. »Ruhen Sie sich hier auf der Bank ein wenig aus!«

Das ließ sich Schwester Martha nicht zweimal sagen. Sie war doch recht müde und setzte sich gerne ein Weilchen auf die Gartenbank.

»Ihr Garten ist doch mit der schönste.« Erfreut ließ sie ihre Augen umherschweifen. »Aber Sie sind ja auch unermüdlich tätig darin.«

»Dafür bin ich ja auch so dankbar, daß ich das noch kann in meinem Alter.« Und glücklich sah der alte Mann sich in seinem kleinen Reich um.

»Übrigens die Erdbeeren fangen schon an rot zu werden, da kann ich Ihnen bald welche bringen, Schwester Martha.«

»Nein, die ersten müssen Sie selbst behalten«, wehrte sie energisch ab.

»Ich wollte Sie schon immer einmal fragen, warum Sie mir immer das erste von allem bringen, was Sie im Garten haben. Ich bekomme die ersten Erdbeeren, nachher die ersten Kartoffeln und Bohnen, und was sich sonst an Gemüse und Obst in Ihrem Garten findet. Immer bekomme ich das allererste für meine Kranken. Warum tun Sie das eigentlich?«

Nachdenklich sah der alte Mann sie an. »Ich denke immer, das erste ist von allem das Beste, und gerade über das allererste, das man ernten darf, freut man sich doch am meisten, darum möchte ich es gerne meinem Gott und Herrn geben, indem ich Ihre Kranken damit versorge. Das muß nun schon so bleiben, Schwester Martha. Sie wissen doch: ›Was ihr getan habt einem unter diesen meinen geringsten Brüdern, das habt ihr mir getan.‹«

»Ja, wenn das so ist, dann sind mir Ihre Gaben jetzt doppelt lieb!« Und mit einem warmen Händedruck bestätigte die Schwester ihre Worte. »Wie werden sich meine Kranken freuen!«

Dann ging sie in tiefen Gedanken ihrer Wohnung zu.

»Habt ihr auch je Mangel gehabt?«

Lukas 22, 35

»Hattet ihr je Mangel?« fragt der Herr die
Seinen.
Alle ihm bekennen: »Herr, nie, keinen!«
Wenn er vor uns stünde heut' in unsern
Tagen
und er würde uns dasselbe fragen,
welche Antwort würden wir ihm geben,
ihm, der täglich uns erhält das Leben?
Danken wir für alle seine Gaben,
dafür, daß wir keinen Mangel haben?
Daß wir alles dürfen zu ihm tragen,
was uns quält an Nöten und Versagen? –
Kinder sind beim Vater doch geborgen.
O, mein Herz, und da willst du noch sorgen?

Kindheitserinnerungen

Schon manches Mal waren wir Gäste eines Altersheimes gewesen. Nun saßen wir eines Abends wieder im Stübchen der Oberschwester, der die Leitung des Hauses übertragen war. Wir sprachen über Kindheitserinnerungen und wie wichtig es sei, daß die Jugend wertvolle Erinnerungen mit ins Leben hineinnimmt, die wie helle Sterne über ihrem Wege stehen.

»*Eine* Kindheitserinnerung ist mir besonders eindrucksvoll gewesen«, sagte die Oberschwester aus tiefem Sinnen heraus, »und wenn es Sie nicht langweilt, möchte ich sie Ihnen wohl erzählen.« Auf lebhaftes Bitten hin von allen Seiten begann sie:

»Ich war erst acht Jahre alt, als meine Mutter starb, mein kleiner Bruder fünf. Durch ihren frühen Tod fiel ein tiefer Schatten auf unser junges Leben, den niemand auszulöschen vermochte.

Ein Bruder meiner Mutter war sehr gut zu uns und nahm sich unser liebreich an. So lud er uns einmal zu sich ein. Es war ein weiter Weg, den wir von unserem Dorf zu Fuß bis zum Hofe unseres Onkels zurücklegen mußten. Als wir dort kurz vor Sonnenuntergang hungrig und müde eintrafen, stand der Onkel schon in der Tür und schloß uns ohne viele Worte in die Arme. Die Buttermilchsuppe und die dicken Schwarzbrotschnitten, die er uns vorsetzte, schmeckten uns herrlich; aber wir waren so müde, daß wir fast schon beim Essen einschliefen. Nun kamen wir zusammen in ein riesengroßes Bett, in dem so viele Betten waren, daß wir völlig darin verschwanden. In einem zweiten großen Bett schliefen der Onkel und die Tante.

Am andern Morgen, es war erst vier Uhr, erwachte ich von einem Lichtschein, der auf unser Bett fiel. Zuerst mußte ich mich besinnen, wo ich eigentlich war. Ich bemerkte, daß der Onkel leise aufstand, während die Tante noch fest schlief. Die Tante war leidend. Damit sie länger ruhen konnte, besorgte der Onkel morgens das Nötigste. Er machte Feuer auf dem Herd, und dann setzte er sich davor und hielt die Füße in den Bratofen. So saß er lange und schweigend. Ich beobachtete dieses alles mit Verwunderung und überlegte, was es wohl zu bedeuten habe. Schließlich konnte ich nicht mehr länger an mich halten.

›Onkel‹, fragte ich ganz leise, ›stehst du

immer zuerst auf?‹ Ohne sich umzusehen antwortete der Onkel vom Herd her freundlich, aber bestimmt: ›Mein Kind, jetzt hat dein Onkel seine stille Stunde. Jetzt spricht er mit seinem Gott, da darfst du nichts sagen.‹

Beschämt schwieg ich. Mir wurde ganz feierlich zumute. So still und andachtsvoll saß der Onkel da. So war es also, wenn man mit Gott sprechen wollte. Dann mußte es ganz still sein in einem und um einen. Ich hörte aber gar nicht, daß der Onkel etwas sagte. Vielleicht sprach Gott auch mit ihm.

Dieses Erlebnis hat mich damals tief bewegt, und die Erinnerung daran hat mein Herz wie eine Kostbarkeit mein ganzes Leben lang bewahrt. Nichts hat mir später wieder einen so nachhaltigen Eindruck gemacht wie der in der Andacht versunkene alte Onkel, der die erste Stunde des Tages in der Morgenstille seinem Gott weihte. Auch hat es sich mir tief eingeprägt, daß Menschen schweigen müssen, wenn Gott redet, und daß er nur dort redet, wo es still geworden ist.«

Des Kindes Seele

Willst eines Kindes Seele du versteh'n,
dann mußt du stille lauschen, leise geh'n.
Geduld'ge Liebe weist den Pfad dir nur,
der rauhe Sturm zerstört die Blütenflur.

Ein Beispiel sei dem Kind: treu, groß und
gut!
Der ew'ge Gott gab es in deine Hut.
Wend' dich nicht ab, kränkt dich sein Unver-
stand,
mit Liebe führst du's sicher an der Hand.

Denk' doch an den, der selbst die Liebe
war,
der einst voll Unmut sprach zur Jüngerschar:
Wehrt nicht den Kindern, werdet ihnen
gleich;
denn wahrlich ihrer ist das Himmelreich!

»Nichts hab' ich zu bringen, alles, Herr, bist du«

Ein Pfarrer hatte schon oft darüber gesprochen, daß wir bei aller Verantwortung, die wir für unser Tun und Lassen haben, uns doch niemals den Himmel mit unseren eigenen Werken verdienen können.

Doch eine Frau seiner Gemeinde konnte dies nicht verstehen, so oft er es ihr auch begreiflich zu machen versuchte. Immer meinte sie, sie sei doch ihr Leben lang fleißig und ehrlich gewesen und niemand könne ihr etwas Schlechtes nachsagen. Ob das denn gar nichts sei? Alle Versuche, ihr klarzumachen, daß wir ganz auf die Gnade unseres Herrn und Heilandes angewiesen seien, scheiterten an der Selbstzufriedenheit der Frau, die nicht müde wurde, alles aufzuzählen, was sie Gutes in ihrem Leben getan hatte. Sie fügte dann hinzu, das müßte Gott doch auf alle Fälle auch in Anrechnung bringen.

Da sandte Gott ihr einen Traum. Vor ihrem Hause hält eine feine Kutsche, die sie zu einer Hochzeit abholen will. Ganz aufgeregt vor Freude geht sie an ihren Kleiderschrank, um sich ein Kleid herauszusuchen, das sie bei dieser festlichen Gelegenheit anziehen will. Voll Schrecken sieht sie, daß das Kleid ganz zerrissen ist. Schnell greift sie nach einem anderen. Aber auch das weist große Risse auf! Was soll sie nur machen? Sie ist schon ganz unglücklich. Dann bleibt ihr nichts anderes übrig, als ihr Allerbestes anzuziehen. Eilig holt sie es hervor. Aber dann ist sie starr vor Schrecken. Das gute Kleid ist von oben bis unten voller Flecken. Nun ist sie ganz verzweifelt. Die Tränen stürzen ihr aus den Augen. Da blickt sie nach oben und sieht über sich einen Engel, der ein weißes, fleckenloses, lichtes Gewand in der Hand hält. Voller Freude will sie hastig danach greifen. Da wacht sie auf.

Was niemand ihr klarzumachen vermochte, das hatte dieser Traum bewirkt. Nun wußte sie, daß wir das hochzeitliche Kleid ganz allein aus Gnaden erlangen können:

Aus Gnaden, hier gilt kein Verdienen,
die eignen Werke fallen hin.
Er, der aus Lieb' im Fleisch erschienen,
hat diese Ehre zum Gewinn,
daß uns sein Tod hat Heil gebracht
und uns aus Gnaden selig macht.

Wie leicht vergessen wir, daß wir ganz auf die Gnade unseres Gottes angewiesen sind und daß alles, was wir sind und haben, nur geliehenes Gut ist, von dem wir einmal Rechenschaft ablegen müssen.

Geliehenes Gut

Weißt du, daß alles nur ist geliehene Gabe:
Reichtum, Gesundheit, Verstand, und was
es auch ist?
Auch deine Kinder, Haus, Hof und all deine
Habe,
das, was du schaffst und erringst, und was
du auch bist.

Alles geliehenes Gut, das Gott uns vertraute.
Jeglicher Tag von der Verantwortung sagt.
Und unser Herz so oft auf Eigenes baute,
aber danach wird niemand von uns gefragt.

Alles geliehenes Gut, vom Herrn gegeben.
Haben Neid, Mißgunst und Dünkel da
irgend noch Raum?
Anders als wir sieht der Herr unser ganzes
Leben,
worauf wir stolz sind, ist Dunst nur vor ihm
und Schaum.

Alles geliehenes Gut, wer will sich erheben
über den Bruder, dem weniger ward zu-
teil?

Viel wird gefordert von dem, dem viel ward
gegeben;
aber auch damit schafft niemand sein ewiges
Heil.

Demutsvoll neigen wir uns. Wir können
nichts bringen,
können mit Treue nur danken zu allerzeit.
Aber in Ewigkeit wollen wir dir lobsingen,
daß unser Nichts, Herr, du wandelst in Herr-
lichkeit.

Der Friede Gottes

»Und der Friede Gottes, der höher ist als alle Vernunft, bewahre eure Herzen und Sinne in Christus Jesus.«

Philipper 4, 7

Dieses Wort ist uns allen von Kindheit an geläufig, und wir hören es nach jeder Predigt im Gottesdienst als einen Wunsch, den der Pfarrer der Gemeinde mitgibt für die kommende Woche. Aber es geht uns mit diesem Spruch wie mit all denen, die wir so oft hören. Je vertrauter sie uns sind, um so weniger haben sie uns zu sagen.

Es ist nicht der Wunsch des Apostels, sondern Verheißung. Der Friede Gottes wird unsere Gedanken und Herzen in Christus Jesus bewahren.

Nehmen wir es nicht oft als selbstverständlich, daß der Friede Gottes bei uns ist? Aber bedenken wir auch, was das heißt: mit Gott im Frieden leben? Wie oft laufen wir ihm davon, sind ihm ungehorsam und gehen eigene Wege?

Da könnten wir es gut verstehen, wenn Gott zu uns sagen würde: »Ich habe genug von dir.« Das könnten wir begreifen. Aber daß er uns nicht losläßt, daß er mit seinem Frieden bei uns bleibt, das können wir mit unserem Verstand nicht begreifen. Dieser Friede Gottes geht weit über unser Denkvermögen hinaus.

Und nun kommt die herrliche Verheißung. Dieser Friede soll zu einem Wächter für uns werden. Alle unsere Gedanken, alle Phantasien und Wünsche soll er bewahren, er soll uns hindern, etwas Unrechtes zu tun, er soll unsere Gedanken und Herzen in der Nähe Jesu halten. Welch eine bewahrende Macht!

Wir wollen daran denken, wenn wir diesen Gruß am Ende des Gottesdienstes wieder hören.

Gott verheißt uns, daß sein Friede, seine bewahrende Macht, mit uns gehen soll in die Unruhe der Woche und uns bei ihm behalten soll. Aber vor diesem Friedensgruß steht das Wörtchen »und«.

Er setzt also etwas voraus. Er gilt nur denen, die diese Voraussetzung erfüllen, die sich nicht zersorgen, sondern die alle ihre Angelegenheiten vor Gott bringen, die sich

Zeit lassen zum Beten, die nicht nur das Gebet als Notknopf benutzen, auf den sie drücken, wenn sie Hilfe brauchen, sondern die mit Dank zu Gott kommen. Wenn wir für alles, wofür wir zu danken haben, Gott danken würden, fänden wir gar nicht Zeit genug zum Bitten.

Laß das Kleine nicht herein

Deine kleinen Alltagssorgen
laß den Eintagsfliegen gleichen!
Laß sie mit der Sonn' entweichen!
Laß sie nicht ans Herz dir reichen!
Laß sie sterben mit dem Tag!
Alles Kleine macht so müde . . .
Laß die dunklen Sorgengeister
dir nicht in das Innre dringen,
daß sie deiner Seele Schwingen
nicht ins Grau des Alltags zwingen
und sie ew'ge Sehnsucht trag'!
Alles Kleine macht so müde . . .
Laß das Kleine nicht herein!

»Des Gerechten Gebet vermag viel . . .«

»Mutter, wir müssen gleich wieder aufs Feld. Es sieht nach Regen aus.« Mit diesen Worten stürmte der sechzehnjährige Heinz in die Küche, wo die junge Bäuerin am Herd hantierte. »Wollt ihr denn nicht essen?« fragte sie verwundert. »Später erst. Wir dürfen keine Zeit verlieren. Ich soll auch noch schnell zu der jungen Flüchtlingsfrau laufen. Die kennt die Arbeit von zu Hause, sagt Vater, die kann schön helfen.« – »Ja, lauf nur, mein Junge, ich mache mich auch schnell fertig.« – »Das ist schön, Annegreth«, sagte der Bauer, der beim Eintreten die letzten Worte gehört hatte. »Wir müssen alle mit anpacken. Es zieht ein Unwetter herauf. Wir müssen den Roggen vorher noch reinbringen. Wir müssen es schaffen!« Und damit war er schon wieder zur Tür hinaus.

Jetzt sah auch Annegreth, wie sich draußen am Himmel eine dunkle Wolkenwand immer höher schob, die plötzlich alle Helligkeit aus der Küche fortnahm. Sie rückte das Essen an die Seite und machte sich für die Draußenarbeit fertig. Dabei ging ihr immer wieder das letzte Wort ihres Mannes im Kopf herum. »Wir müssen es schaffen«, hatte er gesagt. Sie zitterte bei dem Gedanken, daß es auch anders kommen könnte, wenn die großen Wasserfluten mit einem Male so viele heiße Arbeit und Mühe zunichte machten. Wo hatte sie dieses Wort nur schon einmal gehört? Auf einmal wußte sie es wieder. Es war damals gewesen, als der kleine Frieder so krank war an Diphterie. In bangen Tagen und Nächten hatten sie um sein Leben gezittert. Da hatte der Arzt einmal zu ihr gesagt: »Verlieren Sie nur nicht den Mut! Wir kriegen den Jungen schon durch. Wir müssen es schaffen, und ich hoffe, wir werden es auch schaffen.« Da hatte die Großmutter, die dabei stand, und die mit ihr die Pflege teilte, leise gesagt: »So Gott will.« Sie hatte es wohl gehört. Sie hatte auch gemerkt, wieviel sie für ihren Jungen gebetet hatte in der Krankheitszeit. Ach, wie ohnmächtig war sie sich damals vorgekommen! Ihr Vertrauen auf menschliche Kraft und Hilfe hatte doch seit diesem Geschehen einen argen Stoß bekommen.

Der Junge wurde wieder gesund und alles ging seinen Gang wie vorher. Aber nun wachte das alles wieder auf durch die Worte ihres Mannes, die sie nicht loswerden konnte.

Wenn sie doch auch so beten könnte wie die Großmutter!

Doch sie mußte sich beeilen, denn sie hörte schon, wie der erste Wagen vom Hof rollte. Schnell band sie noch das Kopftuch um und trat aus der Tür. Die Flüchtlingsfrau stieg gerade auf den Wagen, und Heinz wartete schon ungeduldig. Als sie vom Hof fuhren, sah sie zu dem Altenteiler-Häuschen hinüber, das dem Hofe gegenüber lag. Dort hatten ihres Mannes Eltern ein gemütliches Heim für den Feierabend gefunden. Plötzlich stockte ihr fast der Atem. Da stand ja die Großmutter und sah zu dem immer dunkler werdenden Himmel auf, während sie die Hände übereinander gelegt hatte. Falten konnte sie sie nicht mehr wegen der Gicht. Als Annegreth das sah, zog eine tiefe Ruhe in ihr Herz, und ganz froh und zuversichtlich sagte sie zu den Mitfahrenden: »Es wird nicht regnen. Oma betet!« Und diese Zuversicht verließ sie auch nicht, während sie draußen auf dem Felde arbeitete und man aus der Ferne schon Donnerrollen hörte. Immerfort sang und klang es in ihr Ohr »Oma betet«. Das war ihr genug.

Und das Wunder geschah. Ein heftiger Wind kam und zerteilte das dunkle Gewölk. Es gab viele Schweißtropfen, aber kein Tropfen Regen fiel, und das Korn kam trocken herein. Annegreths Herz war voll Jubel und Dank. Aber nicht nur über die gelungene Ernte. Sie hatte viel mehr erfahren. Wie beschenkt kam sie sich vor. Sie war sich ihres Weges gewiß geworden. Nun wußte sie, daß allem menschlichen Können Grenzen gesteckt sind und daß man bei allem Wollen und Planen im Leben nie die Hauptsache vergessen darf: »So Gott will!«

»Herr, lehre uns beten.« Lukas 11, 1

Der betend du in Einsamkeit gerungen,
im Einssein mit dem Vater hast bezwungen,
was dir an Teufels List wollt' widerstehen,
gehorsam den Erlösungsweg zu gehen.
Du großer Beter! Schon in Morgenstille
hast du geschöpft aus deines Vaters Fülle.
Dir strömten Kräfte aus der ew'gen Quelle,
und um dich war des Segens laut're Helle.
Was du auch immer tat'st, es war dein
Leben,
dich in des Vaters Willen zu ergeben.
Selbst in den dunkelsten der Leidens-
stunden
hat noch dein letzter Ruf zu ihm gefunden;
und als des Todes Hauch dich schon um-
wehte,
dein liebend Herz noch für die Feinde
flehte.
Ach, löse uns're glaubensmüden
Schwingen,
daß sie dem Adler gleich zum Himmel
dringen!
Voll Sehnen, Herr, wir bittend vor dich
treten,
wie deine Jünger einst: »Herr, lehr' uns
beten!«

»Der Herr hat alles wohlgemacht.«

Ein klarer Wintertag ging zur Neige. Der Abendhimmel färbte sich rosa und violett. Selbst die Wolken und Wölkchen waren wie von Pastellfarben zart überhaucht.

Auf den – trotz der Abendstunden – noch lebhaften und verkehrsreichen Straßen der Großstadt achtete wohl kaum jemand auf die herrliche Farbensymphonie am Himmel. Anders war es in dem Vorort, wo der Blick ungehindert in die Weite gehen konnte, von keinen hohen Häusern und Fabrikschloten eingeengt.

In einem besonders hübschen Einfamilienhaus dieses Vorortes stand Frau Merfeld, eine gepflegte ältere Dame, am Fenster. Sie konnte sich an dem farbenprächtigen Bild nicht satt sehen. »Sieh doch nur den Abendhimmel, Theo«, sagte sie zu ihrem Mann gewandt, der in Gedanken versunken in seinem Lehnstuhl saß. »Ist es nicht, als wäre uns alle diese Schönheit zum Trost gegeben?«

»Oder um uns den Abschied noch schwerer zu machen«, entgegnete Herr Merfeld trübe. »Du weißt ja selbst, wie gern wir abends auf unserem Balkon standen und uns an der Stille und Schönheit ringsum freuten. Deshalb gaben wir ja unsere Wohnung in der Stadt auf, um wenigstens abends etwas von der Schönheit der Natur und ihrem Frieden zu haben.«

»Ach ja, Theo«, fiel seine Frau eifrig ein. »Ich weiß noch, wie du mich mit der Nachricht überraschtest, daß du dieses schöne Haus gekauft hattest. Es war gerade zu meinem 60. Geburtstag. Weißt du noch, wie du mir die Augen verbandest und mich in den Garten führtest? Als du mir das Tuch abnahmst, standen wir vor einem Beet blühender Rosen. ›Das sind deine Geburtstagsblumen‹, sagtest du. Ringsum blühte es, und alles war voller Duft. Abends saßen wir noch lange auf dem Balkon. Ach, ich weiß alles noch wie heute. Unser Heim war wirklich ein kleines Paradies.«

»Ja, ein Paradies, aus dem wir nun vertrieben werden sollen«, bemerkte Herr Merfeld bitter.

»Aber wir haben doch viele Jahre all dieses Schöne gehabt. Ist das denn nichts?« warf Frau Merfeld ein.

»Freilich«, entgegnete ihr Mann. »Aber, wenn ich denke, daß ich mein Leben lang gespart habe, nur damit wir einmal einen ruhigen und schönen Lebensabend haben könnten, und nun soll alles umsonst gewesen sein?« Müde stützte er den Kopf in beide Hände. »Aber das ist ja noch gar nicht einmal das Schlimmste«, fuhr er erregt fort. »Viel bitterer ist für mich die Enttäuschung, daß mein Teilhaber, dem ich all die Jahre hindurch soviel Vertrauen geschenkt habe, mich so schmählich hintergangen hat. Nur seiner Gewissenlosigkeit haben wir es doch zu verdanken, daß wir nun vor dem Nichts stehen. Und dann hat der schlaue Fuchs es noch so gerissen angefangen, daß man ihm nichts anhaben kann.«

»Ach Theo, laß das ruhen«, begütigte Frau Merfeld. »Du weißt, daß der Arzt dir jede Aufregung verboten hat.«

»Du hast recht, Anneken. Aber sieh mal, es ist heute unser letzter Abend hier, und wenn man so vor dem Abschied steht von allem, was man sich so mühsam erarbeitet hat, dann bricht alles noch einmal auf.«

»Mir ist es ja nicht anders ergangen«, gestand Frau Merfeld wehmütig. »Der Gedanke, unser schönes, gemütliches Heim mit der Fremde vertauschen zu müssen, hat mich schon viele Tränen gekostet. Aber dann mußte ich daran denken, daß wir von allem, was uns hier umgibt, doch nichts mitnehmen können, wenn Gott uns einmal ruft. Früher oder später müssen wir doch von allem Abschied nehmen. Nun will der Herr unsere Herzen schon jetzt davon lösen.«

»Du bist doch ein richtiges Trösterchen, Anneken«, sagte Herr Merfeld gerührt. »Und nun laß uns schlafen gehen. Es ist schon spät geworden.« Damit ging er aus dem Zimmer. Als Frau Merfeld ihm nach einer Weile folgte, verkündeten tiefe Atemzüge, daß er bereits fest eingeschlafen war.

Aber sie selbst konnte noch keine Ruhe finden. Es war doch nicht so leicht, das eigene Schalten und Walten aufzugeben und in allem sich fremdem Willen zu fügen. Und nun sollten sie gar in ein Altenheim! Wie hatte ihr immer davor gegraut! Nie hätte sie es für möglich gehalten, daß sie diesen Weg gehen müßten. Aber es war ihnen keine andere Wahl geblieben. Sie mußte es doch noch mehr lernen, von ihren eigenen Wünschen loszukommen. Wie oft hatte sie gesungen:

»Wie er mich führt,
so geh' ich mit,
und folge willig Schritt für Schritt
in kindlichem Vertrauen.«

Das wollte sie nun auch wahr machen. Bisher war sie noch ganz und gar nicht willig gewesen. Aber nun wollte sie getrost und tapfer sein und ihrem Mann helfen, über all das Schwere hinwegzukommen.

Während sie dies dachte, nahm sie die letzten Photographien ihrer Kinder vom Nachttisch und betrachtete sie lange. Da war Horst, jung und strahlend. Er sollte einmal der Nachfolger im Geschäft seines Vaters werden. Mit 18 Jahren zog er ins Feld und kam nicht wieder. Nun lag er in der Erde – irgendwo. Beate, seine jüngere Schwester, hatte gerade ihr Abitur gemacht, als eine Lungenentzündung sie dahinraffte. Wie stolz war sie auf diese beiden Kinder gewesen! Gerade diese beiden nahm Gott ihr in der Blüte der Jahre. Vielleicht hatte sie ihr Herz zu sehr an sie gehängt! Da war ihnen nur noch ihre Älteste geblieben, die häusliche, mütterlich sorgende Hanna. Aber sie hatte einem Pastor ihr Jawort gegeben. Im fernen Amerika wurde sie Pfarrfrau. Wer durfte sie halten? Wohl kamen liebe Briefe von drüben. Aber es hatte lange gedauert, bis sie sich in diese Trennung finden konnte. So waren sie immer einsamer geworden. In den Zeiten ihres Wohlstandes, wo sie Geselligkeit pflegen und schöne Reisen machen konnten, hatten sie es nicht so empfunden. Aber an dieser bitteren Lebenswende kam es ihr doppelt schwer zum Bewußtsein. Da war es ihr auf einmal, als hörte sie die Stimme ihrer liebsten Freundin, die vor einem Jahr heimgegangen war. Sie pflegte in schweren Entscheidungsstunden immer zu sagen: »Nun kommt es darauf an, sich zu bewähren.« – »Ach nein, klagen darf ich gewiß nicht«, dachte Frau Merfeld beschämt. Wieviel hatte sie zu danken, daß sie ihren Mann noch hatte! Und damit schlief sie getröstet ein.

Unerbittlich schnell fuhr der D-Zug am andern Morgen durch die Landschaft. Der Himmel war bleigrau. Es wurde dunkler und dunkler. Der Zug war heute früh in H. eingesetzt worden, so daß Herr und Frau Merfeld einen bequemen Fensterplatz bekommen hatten.

»Das ist kein gutes Omen für unseren neuen Lebensabschnitt«, meinte Herr Merfeld traurig und deutete nach draußen. »Nichts als Wolken, Sturm und Unwetter.«

»Das ist ja nur äußerlich«, begütigte Frau Merfeld. »Als ich heute morgen noch einmal nach unserm gemütlichen Heim zurückblickte, wo wir die vielen Jahre so glücklich gewesen sind, da wollte mir auch der Mut sinken. Der Abschied wurde mir doch schwer. Da fiel mir die Neujahrspredigt vom letzten Sonntag ein. Weißt du noch? Es war ein schöner Text: ›Siehe, ich habe dir geboten, daß du getrost und freudig seist! Laß dir nicht grauen und entsetze dich nicht; denn der Herr, dein Gott ist mit dir in allem, was du tun wirst.‹«

»Das ist ja fast so, als wenn der Text für uns ausgesucht worden wäre«, sagte Herr Merfeld nachdenklich.

»Nicht wahr?« rief Frau Merfeld. »Das hat Gott eingegeben. Und nun wollen wir auch nach dem Wort handeln und getrost sein. Wer weiß, wie gut wir es noch bekommen!«

»Mein Anneken, wenn ich dich nicht hätte!« sagte Herr Merfeld leise und strich ihr liebevoll über die Hand. So fuhren sie beide hoffnungsfroh ihrem Ziel entgegen.

Donnernd fuhr der Zug in die Bahnhofshalle in S. ein. Eilig griffen Herr und Frau Merfeld nach ihrem Handgepäck und strebten dem Ausgang zu. An der Sperre wartete ein kleiner älterer Mann auf sie, der ihnen mit seinen hellen Augen freundlich entgegenblickte. Er war schon seit vielen Jahren der »gute Geist« in »Bethesda«, so hieß das Altenheim, und betrachtete alle Insassen als seine persönlichen Freunde. So schüttelte er den Ankommenden treuherzig die Hand, belud sich mit dem Gepäck und beantwortete alle Fragen mit nicht zu überbietender Ausführlichkeit. Dann stürzte er davon, um das große Gepäck zu besorgen.

»Unsere Heimatstadt, Theo«, sagte Frau Merfeld bewegt. »Wie freundlich ist es doch gefügt, daß gerade hier ein Zimmer frei wurde!«

»Ja, Anneken, hier schließt sich nun der Ring unseres Lebens.«

Die Fahrt führte am Stadtrand entlang, so daß sie vom Ort selbst nicht viel sehen konnten. Das Altenheim lag weit draußen, eine halbe Stunde von der Stadt entfernt in der Nähe des Waldes. Es lag in einem großen Park, an den sich ein Buchenwald anschloß. »Wie schön muß es hier im Sommer sein!« rief Frau Merfeld freudig überrascht. Dann warteten sie in der wohldurchwärmten, großen Vorhalle.

»Bitte, kommen Sie doch einen Augenblick hier herein«, sagte eine freundliche junge Schwester. »Oberschwester Luise wird gleich kommen. Es ist gerade jemand bei ihr.«

So hatte das Ehepaar Zeit, sich in dem behaglich eingerichteten Empfangszimmer umzusehen. Der Blick aus dem Fenster ging auf große Rasenflächen und gepflegte Wege.

Während sie den Blick in die friedliche Landschaft hinausschweifen ließen, öffnete sich die Tür. Oberschwester Luise ging freundlich auf das Ehepaar zu.

»Herzlich willkommen in unserem Haus!« sagte die Oberschwester mit ihrer warmen, dunklen Stimme und streckte dem Ehepaar die Hand entgegen. »Hoffentlich werden Sie sich bei uns recht wohlfühlen!« Bald war ein reges Gespräch im Gang. Herr Merfeld, der die Schwester schon mehrmals forschend angesehen hatte, konnte schließlich nicht mehr an sich halten und fragte: »Kennen wir uns nicht schon, Oberschwester?«

»Mir ist auch so, als hätte ich Sie beide schon einmal gesehen«, überlegte sie.

»Jetzt weiß ich's«, rief Frau Merfeld lebhaft aus. »Wir waren doch zusammen an der Ostsee!«

»Ja, das waren schöne Wochen. Die gemeinsamen Wasserfahrten sind mir unvergessen. Doch jetzt ertönt gleich der Gong. Vorher möchte ich Sie noch zu Ihrem Zimmer bringen. Über unsere Erinnerungen müssen wir uns ein anderes Mal noch gemütlich unterhalten.«

»Dieses Wiedersehen mit Schwester Luise ist wirklich zu nett«, meinte Frau Merfeld abends beim Zubettgehen. »Nun fühle ich mich gar nicht mehr so fremd hier im Hause.«

»Ich möchte mal ergründen, wer von meinen alten Schulkameraden noch im Städtchen ansässig ist«, erklärte Herr Merfeld eines Tages.

»Ja, das tu«, redete ihm Frau Merfeld zu. »Vielleicht schreibe ich auch mal an Trudchen Schelp. Ob sie wohl noch in dem elterlichen Haus wohnt? Weißt du, der Vater hatte doch die Apotheke am Markt. Ich meine, sie ist Lehrerin geworden. Sie war längere Zeit im Ausland, da haben wir uns aus den Augen verloren. Aber jetzt würde ich mich freuen, sie einmal wiederzusehen.«

So hatten die beiden Alten sich mit der Zeit gut eingelebt und fühlten sich schon richtig zu Hause. Besonders lieb waren ihnen die schönen Morgen- und Abendandachten, die ihnen täglich eine neue Glaubensstärkung waren.

Als sie an einem schönen Sommernachmittag auf einer Bank im Park saßen, sagte Herr Merfeld aus tiefen Gedanken heraus: »Weißt du, Anneken, ich hätte nie gedacht, daß ich noch einen so schönen Lebensabend haben würde. Dafür kann ich Gott gar nicht genug danken. Wie schwer ist es mir geworden, mich in Gottes Wege zu finden, und nun hat er alles wohlgemacht. Eigentlich schäme ich mich, daß ich so wenig Vertrauen zu unserem himmlischen Vater gehabt habe, der doch viel besser weiß, was uns gut ist, als wir Menschen. Wäre alles beim alten geblieben, wäre ich auch noch der alte und hätte mich nie so von Herzen nach dem ewigen Ziel ausgestreckt. Nun weiß ich mich in Gottes Liebe geborgen und kann immer nur danken.«

Bewegt hatte seine Frau zugehört. Das kannte sie ja gar nicht an ihrem Mann, daß er sich so aussprach. Darum wollte sie ihn jetzt nach dem fragen, was ihr schon lange auf dem Herzen lag.

»Dem Karl Henning, der dich so betrogen hat, trägst du doch nichts mehr nach, Theo?« kam es zaghaft von ihren Lippen.

»Nicht im geringsten, Anneken«, sagte Herr Merfeld lebhaft. »Wer selbst von der Gnade lebt, kann gar nicht anders als von Herzen vergeben. Der Herr hat wirklich alles wohlgemacht, wenn wir es damals auch noch nicht verstehen konnten.«

***

Und dann kam der Tag, an dem Herr Merfeld nicht mehr aufstand. Als die Sonne zur Rüste ging, neigte auch sein Lebenstag sich dem Ende zu. Friedevoll und still ging er heim. Frau Merfeld konnte es lange nicht fassen, daß ihr treuer Lebensgefährte sie allein gelassen hatte. Wie einsam war sie nun! Dennoch blieb sie getrost. Sie wußte, daß der, der ihr das Leid gesandt hatte, sie nicht verlassen würde. Täglich fühlte sie sich von seiner Kraft getragen, und dankbar klang es auch in ihrem Herzen: »Der Herr hat alles wohlgemacht!«

Bitte

Lehr' mich das eine: ja zu sagen
zu allem, was du mir bestimmt.
Laß mich nicht zweifeln und nicht fragen,
wenn du, was lieb mir, von mir nimmst.

Du weißt allein die rechte Weide.
Drum laß mich dir vertrauen still,
daß, ob ich froh bin oder leide,
nichts andres, als was du willst, will.

Wir sollen Frucht bringen

»Wer in mir bleibt und ich in ihm, der bringt viel Frucht; denn ohne mich könnt ihr nichts tun.«

Johannes 15, 5

Auf der Obstwiese unseres heimatlichen Gartens stand ein Birnbaum, stattlich an Wuchs, reich an dichtem Laub, aber kümmerlich an Früchten. In vielen Jahren hatte er gar keine. Erinnert uns das nicht an den Feigenbaum, an dem der Herr vorüberging: »Und er fand nichts daran denn nur Blätter«? Und wenn er vor unserem Lebensbaum stünde, würde er dann auch sagen: »nichts als Blätter«? Wir kennen das Schicksal eines Baumes, der keine Frucht trägt. Das Urteil über ihn lautet: »Hau ihn ab! Was hindert er das Land!« Ein vernichtendes Urteil. Aber der Herr will nicht unser Verderben.

Mit dem obigen Text weist er uns den Weg, wie wir – trotz aller Unzulänglichkeit – Früchte bringen können. »Wer in mir bleibt und ich in ihm, der bringt viel Frucht.« In anderer Übersetzung heißt es sogar »reiche Frucht«. »Denn ohne mich könnt ihr nichts tun.« Ohne ihn nichts. Zeigt uns die gottesferne Welt nicht täglich, daß sie sehr viel ohne ihn zu vollbringen vermag? Auch wir, die wir dem Herrn angehören wollen, tun viel und haben auch Erfolg. Aber wenn des Herrn Auge darauf fällt, ist es oft doch nur das Blätterrauschen von unserem eigenen Ich. Es ist keine Frucht; denn es war nicht für den Herrn getan.

Ein sehr kluger, bedeutender Mann, der als hervorragender Politiker viel geleistet hatte und in hohem Ansehen stand, sagte am Ende seines erfolgreichen Lebens: »Je älter ich geworden bin, desto klarer erkenne ich, daß all unser Tun nichts ist, und nur das einen Wert hat in unserm Lebenswerk, was wir direkt für den Herrn getan haben.« Wahre Frucht, die Ewigkeitswert hat, erwächst nur aus der Lebensgemeinschaft mit dem Herrn. Das will Jesus uns an dem Gleichnis von dem Weinstock deutlich machen. Eine Rebe kann nichts aus sich selbst. Nur *die* Rebe, die fest am Weinstock hängt, wird Früchte tragen. »Wer nicht in mir bleibt, der wird weggeworfen, wie eine Rebe, und verdorret, und man sammelt sie und wirft sie ins Feuer, und sie muß brennen.« Welch ein Schicksal für den, der »nicht in mir bleibt«! Also ohne Jesus wertlos und nutzlos. Das hatte jener Mann erkannt, der folgende Worte auf seinen Grabstein setzen ließ: »Wer Jesus hat, hat alles, und wenn er nichts hätte; wer Jesus nicht hat, hat nichts, und wenn er alles hätte.«

Welche Gnade, daß Gottes Liebe sich unser erbarmt hat und seinen Sohn Jesus Christus für uns dahingab, damit wir Wertlosen Frucht brächten! Aber sind wir denn Reben, die an ihm, dem Weinstock, hängen? »Wer in mir bleibt und ich in ihm, der bringt viel Frucht.« »In ihm bleiben«, das ist die Voraussetzung. Und das erfordert Treue. Wenn wir uns schon mühen, menschliche Freundschaften zu pflegen, damit sie nicht verkümmern, wieviel treuer sollten wir im Lesen und Hören des Wortes Gottes und im Gebet sein, um in steter, lebendiger Gemeinschaft mit dem Herrn zu bleiben. Das Bleiben im Herrn ist ein ständiges Wachsen. Wenn wir innerlich nicht weiterkommen, dann hängen wir nicht mehr fest am Weinstock. Dann hat sich unser Verhältnis zum Herrn gelockert. Schon eine Lieblosigkeit, ein Nichtvergebenwollen, Kleinglaube oder was es auch sein mag, kann uns von dem Herrn trennen. Die kleinste Untreue schiebt sich zwischen ihn und uns. Die Lebensgemeinschaft mit dem Herrn muß täglich durch Gebet und Lesen seines Wortes gefestigt werden.

Wir wissen ja, wie wenig wir aus uns selbst vermögen. Wer kann sich denn selber im Glauben erhalten und jene Frucht bringen, die der Herr an uns sucht? Frucht zu seiner Ehre. Und wie oft verunehren wir ihn! Aber wenn wir in der Lebensgemeinschaft mit ihm stehen, wenn wir erkannt haben: ich nichts, aber er alles, dann können wir herrliche Erfahrungen machen. Ihm ist nichts unmöglich.

Stehen wir vor Schwierigkeiten, so bringt er hindurch. Machen uns unsere Fehler zu schaffen, in ihm dürfen wir Sieg haben. Geben uns andere zu tragen, er hilft uns überwinden. Wie die Rebe vom Weinstock Lebenssaft empfängt, so will der Herr auch uns mit seiner Kraft ausrüsten, wenn wir »in ihm bleiben«.

Herr, binde uns immer fester an dich, damit unser Leben nicht nutzlos sei. Hilf uns zu der rechten Treue, allezeit in dir zu bleiben und durch viele Frucht dich zu ehren!

Wir haben hier keine bleibende Stadt

Du läßt uns in der Fremde gehn –
so vieles uns entgleitet,
damit wir täglich auf dich sehn
und was du uns bereitet.

Mit Liebeshänden lösest du
der Erde starke Ketten,
scheuchst uns aus unsrer satten Ruh',
nimmst liebgewordne Stätten.

Du zeigst uns, daß wir Gäste sind
auf Erden nur hienieden,
hier Fremde und dort Vaters Kind
im ew'gen Heimatfrieden.

Peters Besuch bei Tante Frieda

Der vierjährige Peter war ganz aufgeregt. Er sollte mit Mutti verreisen. Die Fahrt sollte zu Tante Frieda nach K. gehen, die bis vor einigen Jahren mit ihnen in dem gleichen Hause gewohnt hatte. »Bringen Sie mir nur Ihren Jungen«, hatte sie geschrieben. »Ich will ihn gerne die vier Wochen während Ihrer Kurzeit bei mir behalten, so daß Sie ganz ohne Sorge sein können.«

Wie erleichtert war Frau Edith, als diese Zusage kam! Nun konnte sie doch endlich die ihr verordnete Kur durchführen. »Wie soll ich Ihnen nur danken, daß Sie mir dieses Opfer bringen!« Mit diesen Worten begrüßte sie die mütterliche Freundin, die sie und Peter vom Bahnhof abholte. Einen Tag wollte sie die Gastfreundschaft auch annehmen, damit Peter sich besser einlebte.

Welch eine Nervenprobe war dieser eine Tag für Tante Frieda! Bestand doch die ganze Unterhaltung nur aus Ratschlägen und Verhaltensmaßregeln für Peter. »Nimm auch ja nicht die Watte aus den Ohren, Peterlein, damit deine Ohrenschmerzen nicht wieder schlimmer werden!« »Binden Sie ihm doch, bitte, immer den dicken Wollschal um, wenn er nach draußen geht! Er klagt so leicht über Halsschmerzen, und hinterher muß er andere Schuhe und Strümpfe anziehen.« Die Mahlzeiten waren auch keine reine Freude. »Ach nein, das ißt Peter nicht«, hieß es dann. »Ich habe es auch nie gegessen. Nicht wahr, Peterle, das magst du nicht?« Und damit rief die Mutter den kleinen Mann zum Zeugen auf.

Tante Frieda seufzte heimlich und sehnte den Augenblick der Abfahrt von Frau Edith herbei. Als sie mit Peter vom Bahnhof zurückkam, war das erste, daß Peter sich die Watte aus den Ohren nahm. »Aber, Peter, das darfst du doch nicht.« Ganz erschrocken sah Tante Frieda ihn an. »Denk an deine Ohrenschmerzen!«

»Hab' ich ja gar nicht«, versicherte Peter treuherzig. Auch von Halsschmerzen wollte er während seines Dortseins nichts wissen, obgleich der Wollschal längst beiseite gelegt war.

Daß es mit dem verwöhnten Kinde nicht leicht sein würde, hatte Tante Frieda gleich gewußt. Es gab manchen harten Kampf, aber mit Liebe und Konsequenz besiegte sie allmählich seinen Eigensinn und gewann sein

Vertrauen. Bei Tisch geschah das Wunder, daß er gerade nach dem, von dem seine Mutter behauptete, daß er es nicht äße, immer wieder verlangte, als er sah, wie die andern es fröhlich aßen. Nichts von dem, was die Mutter bei Nichtbefolgung ihrer Ratschläge angedroht hatte, stellte sich ein. Es gab weder Ohren- noch Halsschmerzen, noch sonst eine Unpäßlichkeit. Peter hatte überhaupt seinen Widerstand aufgegeben und aß brav, was man ihm vorsetzte. Er wußte ganz genau, daß er hier nicht im Mittelpunkt stand und sich fügen mußte.

Voll Bangen sah Tante Frieda der Rückkehr von Peters Mutter entgegen. Am ersten Abend, als sie wieder beisammen waren, brachte die Mutter ihren Jungen zu Bett. Tante Frieda stand dabei und hörte, wie Peter klagend sagte: »Mutti, mir tun meine Ohren so weh«, worauf sich ein Schwall von Zärtlichkeiten über den kleinen Mann ergoß. Er hatte erreicht, was er wollte, und sah ganz stolz über diesen Erfolg zu Tante Frieda hinüber.

Diese war sich darüber klar, daß es so nicht weitergehen konnte. Sie wollte der jungen Frau offen sagen, daß sie bei dieser Art der Erziehung keine Freude an ihrem Jungen erleben würde. Als sie abends allein beieinander saßen, erzählte sie der erstaunt Aufhorchenden von ihren Erlebnissen mit dem Kinde. »Vor allem fragen Sie das Kind nicht immer, ob es dies oder jenes möchte«, schloß sie ihren Bericht. »Wenn ein Kind sein Tischgebet gesprochen hat, schmeckt ihm eben alles. Wir schaden den Kleinen sehr, wenn wir sie immerfort in den Mittelpunkt stellen und nach ihren Wünschen fragen.«

»Erziehen ist doch furchtbar schwer«, seufzte Frau Edith, »und ich habe es mir immer so leicht vorgestellt.«

»Wir dürfen nicht denken, daß wir es allein könnten«, begann die mütterliche Freundin von neuem, »dann erleben wir eine Niederlage nach der anderen. Wenn wir uns täglich die rechte Weisheit von oben erbitten, dann wird die Hilfe nicht ausbleiben. Bringen Sie an jedem neuen Tag Ihren Jungen dem großen Kinderfreund, daß er das Herz Ihres Jungen zum Guten lenken möge! Der Herr muß in allem die Oberhand haben in unserem Leben, dann kommt auch das Erziehen in die rechte Bahn.«

In dieser Nacht lag Frau Edith noch lange wach. Wie dankbar war sie der mütterlichen Freundin, daß sie ihr die Augen geöffnet hatte. Ach, wenn es doch noch nicht zu spät wäre, ihre Fehler wiedergutzumachen! Schon lange hatte sie nicht mehr gebetet. Aber in dieser Nacht schüttete sie Gott ihr ganzes sorgenvolles Herz aus und bat ihn, ihr fortan zu helfen.

Als der Zug am nächsten Morgen die beiden Reisenden wieder in die Heimat trug, wußte Tante Frieda, daß Frau Edith als eine andere zurückkehren würde. Aber sie wußte auch, daß sie selbst eine neue Aufgabe bekommen hatte, von nun an treulich für Mutter und Kind die Hände zu falten.

Mutterliebe

Mutter sein heißt: aus Gottes Hand
nehmen des Kindes Leben,
treu es hüten als heiliges Pfand,
um es dem ewigen Heimatland
dereinst zurückzugeben.

Mutterwürde, beglückendes Los!
Weißt du viel Freuden zu sagen;
doch auch die Sorge trägst du im Schoß
und die Verantwortung ernst und groß –
kannst du alleine sie tragen?

Stürme umdrohen doch Schritt für Schritt
täglich die knospende Seele.
Gib deinem Kind einen Führer mit,
der es bewahre vor strauchelndem Tritt,
daß es das Ziel nicht verfehle!

Lehre es allzeit auf Gott vertraun,
auch auf verschlungensten Wegen;
betend hilf eine Schutzwehr ihm baun,
lehr es, die eigenen Schwächen zu schaun,
hilf ihm zum Sieg und zum Segen!

Mutterliebe, so groß und so hehr,
bist ja die Sonne dem Kinde!
Doch laß die suchende Seele nicht leer,
zeig ihr der ewigen Liebe Meer,
daß sie nach Hause finde!

Daß nicht dereinst in der Ewigkeit
dich muß dein Kind anklagen!
Weißt nicht, ob kurz der Weg oder weit –
willst du nicht heute, solang' es noch Zeit,
ihm von dem Heiland sagen?

Die Tür zum Leben

Als ich vor Jahren einmal zum Dienst in eine Stadt im Sauerland gerufen wurde, erzählte man mir, daß alle Veranstaltungen in der neuerbauten Kirche stattfänden. Und diese Kirche war es dann, die mir eine unvergeßliche Predigt hielt, denn sie hatte nur eine Tür. Es gab weder Seitentüren, noch Hintertüren, um in das Heiligtum zu gelangen. Und so wird es droben auch einmal sein. Niemand wird durch die Seitentüren der guten Werke, noch durch die Hintertür der Selbstgerechtigkeit ins himmlische Vaterhaus kommen, sondern nur durch den, der von sich gesagt hat: »Ich bin die Tür«, Jesus Christus, der uns durch sein Erlösungswerk die Tür zur ewigen Heimat wieder aufgeschlossen hat.

Unter deinem Kreuze

Unter deinem Kreuze
find' ich Fried' und Ruh',
eile voll Verlangen
dir, Herr, täglich zu.

Trag zu deinem Kreuze
alle meine Last,
die; Herr, dein Versühnen
auch voll Gnad' umfaßt.

Nirgends sonst auf Erden,
ferne nicht, noch nah,
kann uns Friede werden
als auf Golgatha.

Unter deinem Kreuze
– aller Liebe Füll' –
schweigen Not und Bangen,
wird das Herze still.

Unter deinem Kreuze,
und nur dort allein,
kann in Ewigkeiten
ich geborgen sein.

Von Käte Walter sind im Verlag Johannis außerdem erschienen:

In der Reihe Glaube + Vertrauen:

Wolken mit silbernem Rand
32 Seiten, Bestell-Nr. 18514

In der Reihe TELOS-Großdruck-Taschenbücher:

Gott ist dir nah
Trost in Krankheit
64 Seiten, Bestell-Nr. 70460

Käte Walter durfte in ihrem fast hundertjährigen Leben Gottes Güte und Durchhilfe erleben. Diese Erfahrungen gibt sie hier an Kranke weiter.

Wie deine Tage, so deine Kraft
Ein Gruß zum Geburtstag
64 Seiten, 13 schwarzweiß-Bilder, Bestell-Nr. 70482

Die Autorin gibt hier Gottes- und Lebenserfahrungen weiter, eine Hilfe in guten und schweren Tagen.

In der Reihe Kleine Christliche Hausbücherei:

Unser tägliches Brot gib uns heute
Tischgebete
64 Seiten, 15 Farbfotoseiten, Bestell-Nr. 05202